JN439985

또, 봄

또, 봄

초판 1쇄 인쇄 | 2021년 09월 23일
지은이 | 이정순
펴낸이 | 이재욱(필명:이승훈)
펴낸곳 | 해드림출판사
주 소 | 서울 영등포구 경인로82길 3-4(문래동1가 39)
센터플러스빌딩 1004호(07371)
전 화 | 02-2612-5552
팩 스 | 02-2688-5568
E-mail | jlee5059@hanmail.net

등록번호 제2013-000076
등록일자 2008년 9월 29일

ISBN 979-11-5634-474-2

또, 봄

이정순 시집

물안개 피어나는 강변은

아침이면 자욱한 물안개로

해 저물면 붉은 노을로

해드림출판사

/펴내는 글/

영혼을 담은 책을 만들고 싶었습니다

책을 낸다는 것에 대한 두려움과 설렘은 내 몫입니다.

짧은 경력으로 더욱더 시집을 낸다고 생각하니 부끄럽고 용기가 나지 않습니다. 하지만 살아온 것이 모두 소설이고, 수필이고, 시였습니다.

수많은 사연을 일기 쓰듯 적어오며 그날그날의 기억들을 소중히 담아낸 작은 수첩은 어느새 나의 고백문학이 되어 저와 함께 하고 있었습니다.

슬펐던 일, 아팠던 일, 고마웠던 일 그리고 사랑했던 일 그 많은 일을 모아 책에 담아 세상 밖으로 내보낸다고 생각하니 부족함이 먼저 생각 앞에서 벽이 되어 가로막고 있더군요.

그러나 평생 한 번은 해보고 싶었던 문학을 접하고 보니 영혼을 담은 책을 만들고 싶었습니다.

부끄러움을 무릎 쓰고 첫 시집을 출간하게 되니 독자들의 많은 양해와 이해를 바라는 마음입니다.

그동안 제게 책을 낼 수 있는 용기와 희망을 주신 동아리를 위해 힘써주신 문예대학 이선자 선생님과 옆에서 평생 도반으로 지켜주고 격려해주신 남편, 그리고 무조건 응원해준 아이들에게 감사하다는 말을 전하고 싶습니다.

2021년 9월

인창동에서

차례

1

2

3

4

1

가을 1

꽃이 진 자리는

슬프지 않아도
안으로 고여 있는 눈물
가을이 오면 모든
그리움이 밀려드니
소리 없이 강물이 흐르고

잎이 질 때마다 쏟아내는
나무여 바람이여 세월이여
떨어지는 단풍잎이여
계절 언저리에 시를 쓰고 가세

가을 2

꽃잎 떨어져 바람인가
했더니 세월이구나

어김없이 찾아오는 계절
자연은 우리 삶에 선물이다

태양의 열광이 지나고
서늘한 기운이 든다

친구와 재잘거리길
니가 잘나면 뭐하고
내가 잘나면 뭐하니

어느덧 우리의 인생도
가을이 오고 있는데

가을 3

산기슭에 핀
한 무더기 들국화

가꾸는 손길 없어도
비바람 잘 이겨내고

가시덤불 목마른
꽃나무 찾아가

뿌리에 물 넣어주고
올해도 활짝 피어 가을 빛
더하고 있구나

가을 하늘

흩어지는
구슬 같은 햇살

구름과 땅을
하늘로 끌어올리는

기러기 몇 마리와
먼 산기슭에서 피어난

노을 보면서
가을을 저미네

강가에 앉아

덕소에서 양평을 지나다 보면
강가 옆으로 수많은
카페가 있다

그늘 밑에
앉아있는 여인들은
무엇이 그리 좋은지
그녀들에게서 좋은 향기가 날아온다
웃음이 시끌시끌하다

꽃의 향기는 백리를 간다고 해서
화양백리
술의 향기는 천리를 간다고 해서
주향천리
사람의 향기는 만리를 가고도 남는다고 해서
인향만리라 했는데
나는 얼마나 아름다운 향을 가졌을까

남편과 마주앉아

커피 향처럼
달콤한 향을 날려보낸다

익어 가는 인생에
고마운 남편과 함께
음악처럼 흐르는 하루가 저문다
눈빛 하나로 마음을 주고 받는다

계절

해묵은 고목에서
붉고 하얀 꽃 피어나더니
어느새 꽃잎 지는구나

헐벗고
바람풍에 울고 섰던
버들가지 잎 피어나고

백옥처럼 호사스런
목련꽃 지고 나니
화려했던 봄날도 저만치
떠나려 하네

가로수 나무목들도
검붉게 얼어붙었던 대지에도
푸른 새싹이 수채화를 그리며

멈춰버린 우리의 일상도
화려한 봄날처럼

묵은 때 버리고 활짝 피어나
코로나에서 벗어나
일상으로
돌아가기를

강변에서

물안개 피어나는 강변은
아침이면 자욱한 물안개로
해 저물면 붉은 노을로

갈대밭 청동 물오리 떼
바라보면
내 마음 편해지고

반가운 어머님 품에 든듯하네
힘들게 살아왔던 지난 세월

이제는 내려놓고 아름다운
이 강변에 나룻배나 타고싶다

곶감

햇빛 쪽쪽
바람 쪽쪽
달빛 쪽쪽
별빛 쪽쪽

쪽쪽 빨아먹고
달고 쫀득쫀득해진 곶감

곶감을 먹는다
햇볕을 먹는다
바람을 먹는다
달빛을 먹는다
별빛을 먹는다

그 사람

내 가슴에 한사람이 있다
그러나 그 사람이 어느 하늘 아래 사는지
나는 모른다

내가 사는 이 세상에 있을지도
내가 사는 세상 밖에
있을지도 모르는 그 사람

내 가슴속에서
영원히 지워지지 않는 그 사람
그래서 산다는 것은
영원히 그저 기다리고 기다리는
기다림 인지 모른다

그리움

-정인이에게

하늘은 잿빛으로 덮여
비가 올 것 같다
따듯한 커피 한잔이
그리워 집 앞 카페를 찾았다

누구를 만나러 온 것도 아니다
창밖을 내다보니 자동차 불빛이
별 같이 창가를 비추고 지나간다
커피를 손에 들고 불빛에 비치는 거리를 바라본다

정인아! 오늘따라 네가 그립다
네가 내 곁을 떠난 지 30년이 되었다
모든 게 변하고 바뀌어도 너에 대한
그리움은 더 깊고 애달프기만 하구나
이역만리 너를 향한 그리움이
커피 잔에 녹아든다

낙엽 1

은행잎 한 잎 두 잎
떨어지면
가을이 오나봐

가을이 오면
낙엽이 한 잎 더
켜켜이 쌓이겠지

떨어져 수척한
할미새 처럼

오곡이 풍성한
가을이라지만
이미 준비된
낙엽일지라도
지는 것은 싫어

낙엽 2

어젯밤 무서리에
노란 은행나무 우수수
떨어져 담장을 맴돈다

어느새 노을이 져
갈옷을 입고
불이 붙어 활활 타고 있네

몇 번 가을비 지나가더니
흰 수염 내려 앉아 금세
붉었던 세상 하얗게 색칠 했네

내 생의 빛깔은
어떤 색으로
곱게 물들어 갈까

능금나무

금빛 하늘 아래
흐드러진 능금나무

무성한 이파리 사이로
빛이 들어온다

붉은 햇살 내리면
수줍은 예쁜 며늘아기 볼 같다

능금이 빨갛게 익어간다
우리네 삶처럼
살포시 눈을 감고
얼굴을 붉히면

가을바람과 춤을 추고
만인의 입을 즐겁게 하자고 속삭인다
태양에 물든 연분홍 같은
우리 새아가들처럼

달님 1

구름을 헤치고
살짝 얼굴 내민 달님
우리 손자들 학원 길에
환히 비추고 있다

도시의 한적함
골목길
우리 손자들 무서울까봐

비구름 열고 나와
우리 손자들 도와준
고마운 달님

달님 2

구름 살짝 열고
얼굴을 내민 달님

구부러진 골목길을
환히 비추고 있다

잔업하고 돌아온
울 엄마 무서울까봐

비구름 속 열고 나와
내려다보고 있나봐

닭장의 추억

초등학교 다닐 때
우리의 즐거움은
하나밖에 없는
닭장 놀이터

독한 냄새가 풍겨도
닭똥이 손등에 묻어도
닭장 앞 공기놀이 재미는
끝날 줄 몰랐다

얼굴을 마주보며
재잘재잘 키득키득
까르륵 넘치는 웃음소리
친구들 보고싶다

이제는 할머니들이 되어
손자 손녀들 까르륵 웃음소리에
그 환한 미소로 살고 있겠지

단풍

하늘빛 파란빛은 단풍 빛을
더해주고 단풍잎 붉은 빛은
하늘빛을 더해주고

가을은 어느새 들판에 와 있다
들판에 내 시간도 와 있는데
붉은 단풍잎 해거름에 툭하고 떨어진다

답십리 친정

개천 길옆 구불구불 골목이 있던
친정마을

마을 한가운데 우물과 조그마한
닭장은 어디 갔을까

중년이 되어 찾아간 고향은
하늘에 닿을 것 같은 고층 아파트가
장엄하고 거대하게 서 있다

구불구불 골목길 아이들
함성 어디로 갔을까

순이네 툇마루 대신
벽이 너무 두꺼운 아파트만 튼튼하게 서 있다

대추

가을 햇살이
무던히 심심했나봐

조그마한 얼굴을
새색시로 만들었다

날마다 찾아와
만지더니 뽀얀 볼에
연지 곤지

오늘을 살고 있는 나

내 마음을 흔들고
지나가는 하루

눈 깜짝할 시간들은
세월이 되어 버리고

오랜 여정 속에 지친 몸은
피곤한 혈관들이 흐른다

삶의 무게를 더한
건강함으론

하루 기나긴 밤을
뜬 눈으로 또 보내고

발전된 기술은 백세시대를 만들었다
하지만 나는 단지 오늘을 살고 있을 뿐이다

그리운 가을

초가지붕의 누런 호박
텃밭에 빨간 고추

가을이 익어가는 소리는
언제 들어도 그립다
휘영청 밝은 달밤에
한껏 뽐내는 귀뚜라미 합창들

가을은 더 가까이 두고
오래도록 느끼고 싶은 계절이다

출렁대는 황금물결
다 얻은 것 같은 농부의 마음이
다가온다

오늘은, 또

따뜻한 햇살을 안고
환한 얼굴에서

사랑의 씨앗을
먹으며 따라 간다

익어가는 사랑 속에
그리움으로 채운다

매일 같은 날 기다리며
다시 올 내일이
올 때까지

길

혼자
걷는 길에는 사무치는
그리움이 있고

둘이
걷는 길에는
사람이 있지만

셋이 걷는 길에는
우정이 있고

다 함께
걷는 길에는 나눔이
있습니다

겨울

깊은 겨울밤
문풍지 떠는 소리에
잠이 깨어 눈을 떠보니

허공이 댑바람을 붙잡고 맴돈다
지혜를 앞장세워 경륜으로 삼고
살아온 길이

바람처럼 물처럼
지나간다

긴 여정의 세월
추억 속을 더듬으며
내게 주어진 하루

언제 즈음에나
좋은 일들만
구름처럼 모이려나

농사와 인생

농사를 지어보지 못한
사람은 모른다
농사꾼의 마음을

메마른 논에 물도
채워주고
빼주는 일도 해야 한다

벼농사가 잘 자라듯이
인생도 삶도 공을
들여야 하는 것이

내리막길이 있으면
오르막길도 있듯이
욕심을 부리면
자만심이 생기고

늦장을 부리면
힘들게 인생을 사는 것이 된다

설렌다는 것

하얀 꽃송이들이
창가에 내려와
꽃 그림을 그린다

창공에서 내린 눈꽃은
소리 없이
내 마음으로 스며든다

두근대고 설렌다는 것은
사랑하는 사람을
보듯이 즐거워지는 것이다

사랑스런 눈꽃은
나의 열린 문으로 들어와
마음이 경쾌해진다
계절의 변화에 따라
내 마음도 변하고 있다

눈

하늘에서 소박한 솜
내려온다
가난한 사람 덮어주라고

어둡고 추운 마음
밝게 비추고 포근하게 감싸주라고
아픈사람 마음도 토닥토닥 해주라고
시린 겨울 다함께 나누자고
이웃집 담장을 넘어다 본다
혹시나 불꺼져 허기진 밤을
보내지는 않는지

눈이 내리십니다

눈이 내립니다
온 누리가 하얗습니다

삐뚤어진 세상 병든 세상
싸움판 세상 싫으시다고

하늘에선 하얀 눈으로 덮어
우리에게 흰 눈처럼

하얀 마음을 닮으라고
백설기 같은 눈을
함박함박 내리십니다

꽃샘

이름은 예쁜데
성질이 보통이 아닙니다

가는 겨울에 건강
발목잡고 성질을 부립니다

꽃잎 시샘 하려고
온갖 행세를 하네요

스승이란

부드러운 분을 만나면
나의 속됨을
고칠 수 가 있게 되고

박식한 분을 만나면
나의 부족함을 깨닫게 되고

인품이 높은 분을 만나면
나의 타락한 속기를
떨쳐 버릴 수 있고

차분한 분을 만나면
나 자신도 정돈된
매무새를 가져본다

어수선한 사람을 만나면
나를 깨우칠 수가 있어
이 모든 사람이 나의 스승이다

아버지

귀한 운동화는 닳을까봐
마루 밑에 소중히 넣어두시고
게다를 끌고 일터로 가던 아버지

살림살이 넉넉하지 못해
흔히 말하는 까막눈이었던 아버지

경비원으로 일하며
식당 아주머니께 부탁하여
남은 밥으로 누룽지를 만들어
새끼들 먹이려고 품에 품고 오신 아버지

궁핍한 살림에 수술대에 올라
고열로 결국은 수술도 받지 못하고
마지막 유언을 가족도 아닌
간호사에게 하신 아버지

나 좀 살려줘
애들 키워야해

은혜를 잊지 않을게 하시던
지금도 생각만 하면
가슴이 저려오는 아버지 마지막 한마디

노란 갓 꽃

푸른 갓에
노란 꽃

유채꽃 인줄
알았네

향긋한 것만
알았지
꽃까지 피울 줄
몰랐네

배추 무 갓도
노오란 꽃

유채꽃만
노랗게
피우는 것만이
아니라네

남편

오누이 같은 마음
조석으로 마주하며 살아온 당신

삶속에서 가식 없는
사람으로
용기를 주던 당신

늘 겸손한 마음을
갖게 만들어 주는 당신

서로의 눈빛만 보아도
무엇을 생각하고 말을 하고
싶은 지 이제는 다 압니다

인내와 사랑은
당신과 함께여서 할 수 있었습니다

낮달

교실을
기웃대는
유리창의 하얀 달

며칠째
자리 비운
짝의 얼굴 대신이다

봉숭아
물들인 손톱이
자꾸 눈에 아른거린다

5월

즐겁고 의미 있어야 하는 달
어린이날
어버이날
스승의 날
여성의 달
사랑과 감사가 있는 설렘의 달

기뻐하는 마음으로
따듯하고 온유한 생명을
존중할 줄 아는 가장 아름다운 달

어려움 속에서도
희망과 용기를 주는 사람들이
많은 달이었으면 좋겠습니다

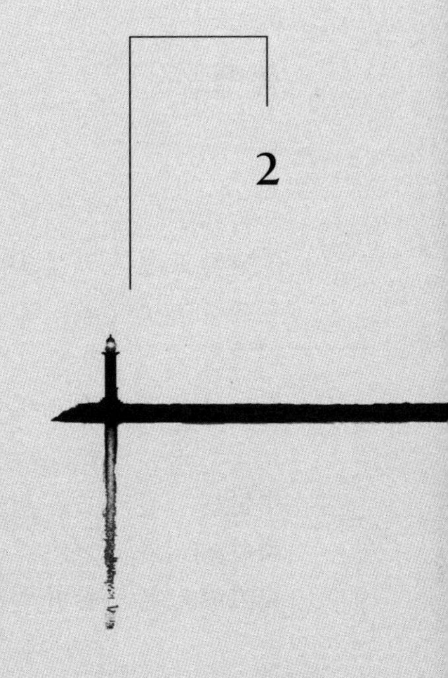
2

동행

고단하고 힘든 인생길이지만
함께하는 벗이 있음에
서로를 의지하며 모진 어려움도
감사하며 걸을 수 있었습니다

수많은 세월의 흐름 뒤에
하얀 서리가 앉고
발고랑 같은 주름이 진다해도

진실로 존경하고 아끼며
안부를 물을 수 있는
인생의 친구가 있어 함께 할 수 있었습니다

먼 훗날에도 서로 마주보며
추억을 회상하며
친구 곁에 있어
내일도 아니 한 평생을
동행 할 수 있길 기원해 봅니다

부부

서로 다른 두 사람이
둥지를 틀었습니다

아등바등 부딪히고
때로는 아끼고 사랑하며
서로를 의지하며 살아왔네요

고희의 세월
사 남매를 낳고 살아온
세월 영상처럼 저장해 놓고

황혼의 끝자락에 반백이 된 우리
지난날을 회상해보며
잡은 두 손 꼭 잡고
앞으로 남은여생
입가에 작은 미소
만들며 서로 의지하며
한 발짝 한 발짝
걸어가 봅시다

사랑한다는 말

남편에게 듣는 사랑한다는 말은
밤하늘 별빛만큼이나 따뜻하고
빛이 나는 삶의 동력이다
황혼에 부는 포근한 바람이다

나를 향한 깊은 배려와
나에 대한 믿음으로
아무 계산 없이 그저 환하게
웃어주는 사람에게

나도 전해주고 싶다
사랑한다는 말 같이 하고 싶다고

열 번의 입맞춤보다
행복과 가슴 설레는
사랑한다는 말이다

남편에게 무엇을 바람이 아니다
인생을 함께 하면서

서로 따듯한 정과 진실이
삶의 동력이다
살 수 있는 복은 황혼이다

깊은 배려의 마음
깊은 믿음의 마음
따듯한 말 사랑한다는 말

또, 봄

진달래꽃이 너무 고와
눈물겹구나

개나리꽃이 너무 환해
가슴 벅차구나

또 한 해 봄을 맞는 기쁨
갈무리 잘하고 오라는
하늘의 보너스로구나

동심

옛 그리운 선생님
내 동무들

할아버지 할머니 되어
어느 하늘 예쁜 곳에서
숨은 별로 빛나고 있을까

봄 하늘 손으로
문지르면 모두 되살아
나올 것 같은데

마곡사

충남 공주 태화산 자락
똬리 틀고 앉은 마곡사

백제 의왕 때 세워졌다
역사의 사실이 또 무엇이면 어떤가

수행자는 천리 길 불심으로
달려와

두 손 모아 합장하며
촛불과 향불을 켜니

화산처럼 타오르고
중생의 기쁨은 불꽃으로
피어나네

마음 1

가까이 있어도
마음이 없으면
먼 사람이오

멀리 있어도 마음이
있으면
가까운 사람이니

사람과 사람 사이는
머리가 아니라
마음이랍니다

마음을 다스리는 사람
마음을 아프게 하지 않는 사람
따스한 말을 하는 사람
배려와 위로의
마음을 가진 사람
그런 마음을 품은 사람이
좋은 사람이기에 그런 마음을
갖고 살도록 서로 노력합시다

어머니

한글을 모르시던 어머니
머릿속 암산으로

장사를 하셔도
계산이 너무 빠르셨다
낙천적인 생각으로 사시면서

뭐든지 손으로 만지시면 돈이 된다 하셨다
몸이 편하면
살기가 힘들단 말씀
머리에 맴돈다

뒷동산

봄날 연두가 살며시 밀고 올라오면
그늘 아래 풍경은 순박한 사랑 파랗게 돋게 하고
바람은 낮게 가라앉아 귀를 기울인다

뒷동산 나뭇잎 사이로
도토리 물고 달아나던 다람쥐 쫓아
친구와 땔감 가지고 뒹굴던 웃음소리

아궁이에 불을 지펴 밥을 하다가
동산에서 줄달음치며 뛰놀던 친구 생각에
정겨운 얼굴이 부엌을 가득 채운다

마일리의 집

가평군 마일리 집
뒷동산은 오색으로
물들어 있다

철쭉 개나리 목련화
만발하고 다람쥐와 고라니가
살금살금
돌아다닌다

잣나무와 소나무
짙은 초록으로 물들여 놓고

송아 가루 바람을 따라
물소리 새소리 나는 숲으로
내려 앉는다
계곡에는 물소리와
새들의 노랫소리
천국을 헤맨다

마지막 달

매섭게 차가운 날씨
차 한 잔 나누는
여유로움으로
몸과 마음을 녹이지만
12월을 보내야 하는
마음이 서럽게 다가선다

참 많은 우여곡절 속에
은근슬쩍 담 넘은 날들
내일은 오늘보다
행복한 무지개를
새해엔 올해보다
가슴 가득히 채워지기를
소망해본다

말조심

통하면 민심이오
불통하면 불씨이네

나 좋다고 아무하고나
함부로 말을 말자

더러는
세치 혀끝에
네 흥망이 달렸느니

소리

여름날 아침 매미가
목청껏 울어댄다
사랑을 부르는 소리다

가을 귀뚜라미 우는 소리는
사랑의 메아리 소리다

햇볕이 쨍하는 날에는
오곡이 소곤소곤 익어가는 소리다

피땀 흘려 농사꾼의 풍년을
노래하는 소리다

이와 같이 소리들은 저마다
의미를 품고 있는 소리들이다

멋진 인생

예쁜 꽃은
눈을 즐겁게 하고
시원한 바람은 마음을 가볍게 한다

웃음이 가득한 사람은
가정과 이웃을
행복하게 하며 사랑을 준다

멋진 이는 세상을
아름답게 만든다

목단 꽃

온종일 비가 부슬부슬
내리고 있다
사람들은 갈 길을 재촉하고

문득 은숙이가 궁금해
안부를 물었더니
자기네 앞마당에는

하얀 목단 꽃이 눈꽃송이 같이 피어
아름다운 자태는 마치
천사를 보고 있는 것 같다고 한다
그래그래 마음이 천사다
목단 꽃같이
하얀 마음으로
모두가 천사 같았으면

목련 1

꽃이 피네
꽃이 피네
한 송이 또 한 송이

한 송이 피면
한 송이 만큼
두 송이 피면
두 송이 만큼

뜰이 집이
환해오네
담 넘어도 환해오네

목련 2

서로들 눈치만 보며
가만히 있을 때

제일 먼저 용기 내어
앞장선 너였지

모두들 얼어 죽는다고 붙잡을 때
당당히 문을 열고 나가
찬바람 속에 얼굴을 내밀었지

처마 끝을 높이 쳐들고
활짝 웃는 그대여
오랜 기다림 끝에

그대는 진정 의지의 용사
봄을 전하는
하늘의 전령이구나

문학 동아리

젊은 사람들과
같이 하는 문학 모임

한 작품씩 내놓고서
서로 불꽃을 튀기지만

늘그막 불당긴 사람
시간 가는 줄 모르네

다른 이는 어떨지 몰라도
동아리에 나가면

사람들 만나는 일이
문학보다 더 즐겁네

작품도 작품이지만
즐거우니 안 빠지네

내 나이 준령

몸이 하산이라며

마음은 등산인가
한 작품 몸부림은 아직
젊은 사람 못지않네

무궁화 꽃

흩어진 무궁화 꽃
하루빨리 칠천만 그루로
묶어져 피어나라

지구촌 구석구석
남한과 북한의 환한 등불이 되어라
고결한 자태

비바람 불어도 흐트러짐 없이
백두산 금강산 아름다운
강산으로 가꾸어라

나라의 주인공
무궁화 꽃 칠천 만 동포로
피어나라
가로 막힌 철조망 치우고
쉬고 있는 철마를
빨리 달리게 하라

메밀꽃

보름달에 비친 메밀꽃
눈으로 덮인 듯
저리도 하얄까

근심 걱정 다 덮어
하하하 호호호
웃음의 해우소

태평양 보다 더 넓은
백옥 같은 마음의 꽃

주변마저 맑고
투명하고 겸손케 한다

바다

시작도 끝도 없는 물길 속
지칠 줄 모르는 파도

부서지고 토하며
새로운 날을 만든다

갈매기는 하늘 끝에 매달려
그리움의 날갯짓을 한다

멀어져 가는 별빛
여명의 소리에
외로운 등대는
또 다른 하루의 바다를 부른다

바람에게

마음에 갈피갈피
접어둔 사연들

구름이 흘러가는 곳
바람에 실어 보낼까

구석구석 얼룩진
기억의 두께 허물어

찬바람에 날려 보내자
흘러가는 흰 구름아

추억의 매듭을 풀어다오
멀리 경계를 뛰어넘어 실어 보내다오

벙어리

뒤돌아보아도
지나간 세월은

잡을 수가 없다
말대꾸 없이

입 다물고 참고
산 세월

이제는 별명이
돌이 되었다

지금은 재갈재갈
돌을 깨었다

별의 세상

반짝반짝
빛나는 별들

부끄러움을 잘 타
밤에만
사랑을 나눈다

소리 없이 사랑 나누나
눈빛만 보아도
속내를 알기 때문이란다

그 수많은 별들 모여
사랑으로 내 몸처럼
세상 비추어주는

지순한 빛처럼
밝은 세상을 만들어
우리의 마음을 비춰준다

봄날 한잔

화창한 봄날
봄바람에 흔들리는 꽃을 보며

술이나 한잔하며
봄날에 취해볼까

흘러가는 것이 인생인데
이런저런 이유로
술 한잔에 봄날 한잔에

술에 취했는지 봄에 취했는지
인생이 또 새롭다

사랑하지마라
누가 평생을 취하지 않는다고 말하리
어디에 취하든 취하는 것을

인생도 봄바람처럼 흘러가는 것을
어차피 인생살이 한바탕 꿈만 같은데

어찌하여 아등바등 살아가리요
너도 취하고 나도 취하고 봄도 취하는구나

봄이 오는 날

빗소리 들으며
그리운 지인과
따듯한 차 한잔
하고 싶은 날이네

코로나 19에
답답한 시간들
내려놓고

지글지글한
빈대떡 익는 소리
막걸리도 한잔
차도 한잔
생각나는 하루

왁자지껄
오가는 정들이
그립네

봄비가 지나가면
코로나바이러스도
함께 지나가기를

당신

먼 훗날에도
당신과 두 손 꼭 잡고
걸어 가고싶다

하얀 눈이 내리고
추운 겨울바람 부는
날에도

꽁꽁 언 손 비벼주며
따듯한 사람으로
함께 갈 당신

둘이 만나 하나가 되는
연리지처럼 살아온 당신
깊은 밤 오순도순 얘기 나누며
지나온 추억
밤하늘 별들처럼
함께 셀 당신

한결같은
마음으로 내 곁에 있어
참 고맙다

북녘

봄은
부르지 않아도 찾아간다

문을 열지 않으면
담벼락 틈으로 들어간다

틈을 막으면 땅으로
땅을 막으면 하늘로

무기와 무력으로도
봄바람을 막을 수 없다

겨울 공화국 저만 아는 귀인이여
이제 그만 대문을 열어라

봄이 너무 늦으면
들풀 다 죽는다

불러 보고 싶은 이름

내 수첩 맨 첫 장
가장 큰 글자로 써 있는
그대 이름 석 자

문득 그 사람이 그리워질 때
빛바랜 낡은 수첩을 본다

가슴 설레는 이름 석 자
수첩을 볼 때마다
미소를 지으며 나를 보고
웃는 것 같은 이름 석 자

언젠가는 내 수첩에서
지워지고 그대 수첩에서도
내 이름 지워지겠지

붉은 노을

참 아름답구나
하루의 멋진 마무리

붉은 꽃잎 마구 피어나는
눈부신 환희

황망하고 험난한
인생이란 노을은

붉게 타다 남은
열매일까 씨앗일까

붉은 장미

앞뜰 울타리에
붉은 장미
기쁨 미소 청춘
사랑의 여신이여라

그 화사함은
예쁜 새색시 미소 지음 같아

꽃들도 품격이 있나
우리들의 마음을
기쁘게 하네

가지마다 송이송이
정겨움이 듬뿍 이고

온 동네를 밝게
비춰주는 붉은
등불이어라

빈틈

틈이 있어야 햇살도 파고든다

빈틈없는 사람은
박식하고 논리 정연해도
정이 가질 않는다

틈이 있어야 다른 사람이
들어갈 여지가 있고
이미 들어온 사람을 편안하게 한다

굳이 틈을 가려 애쓰지 말고
그대로 열어 놓을 필요가 있다

빈틈으로 사람들이 찾아오고
동반자가 되어 삶을 만드니
허점이 아니라 여유가 된다

마음의 문을 열고
유연한 생각으로 틈을 열어놓자

봄

깊은 잠에서 깨어나
새싹들이 눈을 뜨고 있다

늦은 봄 보릿고개가 애달파
풍년새는 밤마다
하얗게 지새며 울었다

밤새워 애타게 울던 두견새도
불타는 철쭉으로
피어났다

그래도 들판에 불어오는 바람은
봄 처녀 마음도
흔들어 깨웠다

빛

바람도 그치는 봄날
햇볕 속에 고요한 누리

꽃밭은 하늘빛을 더하고
하늘빛은 꽃밭을 더하며

하늘 땅 금실이 좋아
졸리듯 환한 세상

사랑

가버린 세월에
사랑을 회상하며

그 낯선 시간을
찾으려고 한다

내 마음속
가장 깊은곳의 정서를
바꾸어 주어

사랑의 신비로운
모든 것에
쓴 맛에도
행복을 만들어 준다

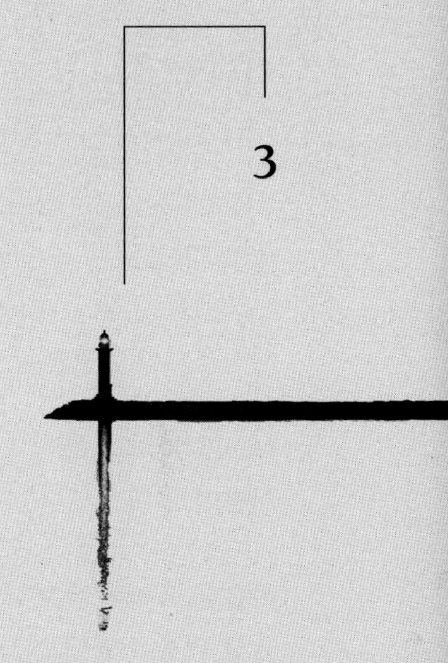

3

산다는 것

폭우 치는 강
나룻배를 타고
건너가는 뭇사람들

어디로 갈지 몰라
시름이 깊네

마음은 육지에 두고
몸만 태우고 어디로
가야 할지
강가에 서서 망설이네

삶 1

부모님이 일궈
놓은 재산

흩어지지 않기 위해
끊임없이 노력해 왔다

남편과 자식 손주들을
위해서였고

평생을 반듯한 화장품과
화려한 옷 한 벌 내 몸을 위해
쓰지 않고 살아온 삶

무심한 세월은
어느덧 칠십 줄에 앉아
황혼의 돛단배 노를 저어 가고 있다

석양은 그래도
묵묵히 잘살아 왔다고
격려를 해준다

삶 2

뒷동산에 지저귀는
새소리에 잠이 깼다

밖을 나와 청명한 하늘과
불어오는 실바람에
마음이 경쾌해진다

앞뜰에 목련화 장미
코스모스를 가꾸고

새들의 노랫소리 추임새에
맞추어 함께 노래하며
지난 힘들었던 세월을

마침표를 찍고
꽃처럼 예쁘게
새처럼 즐겁게
살고 싶다

삶이란

젊음도 흘러가는
세월 속으로
떠나가 버리고

추억 속
친구들이
그리워진다

보고 싶은 얼굴도
하나 둘 사라져간다

잠시도 멈출 수 없는
숨 가쁘도록
바쁘게 살아왔는데

뜨거웠던 열정의
온도도 내려갔고
남은 세월이
애착이 간다

산사

해지는 산기슭에
풍경 소리와
중생의 참회와

사후의 세계를
가만히 들여다본다
하늘에 구름은 흘러만 가고

나뭇가지들은 바람을
안고 휘젓기만 한다
무심한 소리는 산모퉁이를
돌고 말법 악세에 지친
밤은 고요하다

삶과 인생 1

욕심 없는 마음으로 살아가면
삶은 그리 무겁지 않습니다

가벼운 생각으로 살아가면
인생은 그리 고달프지 않습니다

감사하는 자세로 살아가면
그리 힘들지 않습니다

즐거운 시간으로 살아가면
인생은 그리 괴롭지 않습니다

만족하는 마음과 순리대로
받아들이면 그리 많은 것이
필요하지 않습니다

삶과 인생 2

황량한 들판에도
소박하고
향기로운
꽃은 핀다

나뭇가지에 앉아
함께 바라보던 시선
기다리던 시간의
설렘

내 삶의 이야기
일기 뒤에 해맑은
웃음 묻혀

물처럼 바람처럼
그렇게 살고 싶다

생일

온가족이 둘러 앉아
남산 같은 케이크와

뒷동산 같은
꽃다발을 안겨 줄 때

행복이 무엇인지
알 것 같다

새봄

매년 새로운 다짐으로
살아가라고
봄은 해마다 찾아오지만

겨울은 만만하게
물러서지 않는다
차가운 바람

꽁무니 매달려
봄 오는 길 막아서
심술을 부린다

그래도 두 발로
버티고 서 있는 나
후회없이 살아가고
아낌없이 주는
행복한 새봄
봄바람은 매섭게
차가운 기운이 든다

새봄 오는 것을 못오게
심술을 부린다
발로 버티고 서 있는
나의 모습

새해 희망 시

새해에는 더 밝은
새벽을 열자

솟아오르는 해를 품고
새 꿈을 시작하자

하루하루 운명에 맡기지 않고
최선을 다하며
꿈을 위해 노력하자

오랜 일기장을 백지로 돌리고
내년에 오늘이 오면
더 행복한 미소 짓기를 희망하자

남편 2

잠든 남편
눈가에서 깊은 주름을 보았다

한평생을 씩씩하게
두려울 것 없이 살아온 당신
이제는 그대도 늙어가는구려

흔적이 남은 세월은
인생의 경륜
백세 시대라 하지만

오늘은 유난히
피곤해 보이는구려
주름 깊은 만큼 애틋함도
깊게 새겨 넣고 싶다

세월 1

봄은 봄인데
느끼지 못한 뒤안길
꽃 핀 자리
생명이 샘솟는 그 날이
오늘이다

꽃 진자리
종족의 씨알 남기고
바람을 타고
풀숲에 내려앉은 꿈
시간이 흐른다

이 꽃 저 꽃 다 지고
하얀 배꽃 떨어지니
멀어져간 봄이
사월을 데리고 저만치가네

명자나무 푸른 잎 지고
빨간 꽃 흐드러지면

중심에 서성이던 사월은
삼월 지나듯 뒤따라간다

염색하는 소녀

흰 머리카락을 빗으며
겨울 앞에 앉아 나를 본다

잠깐이었던 순간에
몇십 년이 훌쩍지나버렸다

화살 끝에 매달린 시간이
고장난 시계처럼 멈추길 바랐지만
아쉬움만 가득 안겨주고
저 멀리 떠나 버렸다

애틋한 웃음만 입가에 맴돈다
염색을 하는 오늘 머릿결보다
더한 생기가 소녀 같은 미소를 보이게 한다

소나무

소나무는 나를
안아주는 집이다
책상과 식탁도 되고
항상 정겹다

지치고 힘들 때
의자가 되어주고
더울 땐 그늘로
쉬어가게 해준다

내 삶을 지켜주는
따듯하고 포근한 나무처럼
감싸주는 소나무
나는 네게 무엇을 내어줄 수 있을까
받기만 한 고마운 나무에게

소원

빨간 사과
하얀 목련
노란 참외

예쁜 꽃이 한 마당 열렸다
작은 마음 큰마음
정성스럽게 자라겠지

조그마한 사찰에
소원 등이 하늘을 덮었다
내 작은 희망하나 싣고
잘 익어 가길 바라며 두 손 모아 고개 숙인다

송전탑

하루도 쉬지 않고
얼마나 팔이 아플까

한 번도 앉지 못하고
얼마나 다리가 아플까

깊은 산
오두막 불빛
오늘따라 더 빛난다

아차산

고구려의 문화유산이
자리 잡은 곳

줄기마다 서려있는
역사의 숨결 아차산

나라를 지켜온 봉분들
수많은 시인들의 숨결

구리와 광진을
아우르고

정상에서 내려다본 한강이
흐르고 설악산 한라산

부럽지 않은 곳
가지각색 푸른 나무들

강을 끼고 돌아오는 바람은

심장을 젊어지게 한다

추억을 안겨주는 둘레길
행복을 노래하는 아차산

스승님

들은 빛과 그림자
사랑을 하면
모습이 닮아간다 했던가

스승님을 모시고
다녀보니
형제로 느껴진다

글을 쓰게 용기 주신
황혼에 빛을 주신
스승님

마음의 심지
일편단심 감사하고
사랑합니다

아침 까치

앞 나뭇가지에
까치 한 쌍 날아와
앉았다

미국에 거주하고 있는
동생이 못내 걸린다

코로나 때문에 귀국도
못하는 상태이다

동생에게서 좋은 소식 오려나
괜스레 마음이 설레인다

어머니 1

이팔청춘에 시집오셔
홀로 되신 어머니

고운 얼굴 간데없고
그늘진 주름만
깊게 패였다

자식 손주 먹이려고
첫 새벽부터
묵을 만들어 팔던
어머니

그 삶은 한숨을
토해내고
허리가 휘어지도록
고생만 하다 가셨다

넓은 우주 속 별 중에
빛나는 별

가슴깊이 묻고

따듯함 담아
불러보는
어머니

어머니 2

가마솥에 세월을 담아
아픈 마음을 쓸어내리며
하루 일을 끓인다
묵은 잘 익어 가는데
슬픈 눈가에 눈물은 얼어버렸다

겨울 찬바람에 홀로
버티는 갈대가 되고
어린 새의 먹이를 구하기 위해
지친 날갯짓을 하며
우리의 인생을 만들어 주셨다

찬 공기는 집안을 가득 채우고
아늑하고 행복했던 추억을
구걸하는 하루하루 애달프다
어머니는 내 곁에서 멀리 가셨다
담장 넘어 웃음소리가 들려올 때면
어머니 사무치게 더욱 그립다

어버이 은혜

가슴 저리도록
가을 잎 같은 어머니 치마폭
뜨거운 정을 제게 주신 당신

뜰 앞을 다 덮고도
남을 것 같은 가슴
젖 내음 향기가 피어나네요

어젯밤 꿈속에서도
저를 못 잊어하시는
모습을 보았습니다

한없이 제게 주신 사랑
하늘보다 높고 바다보다 깊은
어버이 은혜

가슴 한편에 일렁입니다

언니 생각

세상이 다 푸른 봄
산마다 온갖 꽃들이
향기를 날린다

뻐꾸기 소리
종달새 지저귀는
오솔길에 홀로 누운

언니의 그리움이
사무친다

찔레꽃 한 송이 꺾어드니
꽃처럼 예뻤던 언니
삶에 지쳐 쉬는 날 없이
일만 하던 언니
삶의 길목에서 헤매던
언니 오늘따라 보고픈
그리움이 한줄기 바람으로
다가온다

옛 추억

등진 가을에
이고 진 강가에
쓰러져 살며시 잠든다

강 언덕 고독이
강가에 새겨놓고

산 넘어 울음소리만
들린다

친구들의 유년 시절
정겹던 미소의
속삭임만이
허공 속에 살고 있다

천년 세월만큼 많았던 추억이
강기슭 바윗돌에 씻기고
석양의 붉은 노을만
바라보고 싶다

오월 1

긴 잠에서 깨어난 강물
음율 속에 잔잔한 몸짓으로 춤추고
따스한 봄의 향기는
싸늘한 마음을 녹인다

청명한 하늘에 수놓은 구름은
새하얀 꽃으로
물들여 놓은 것 같다
나뭇잎들은 녹색으로
옷을 갈아입고

목련화 진달래꽃이
오월의 세상 속으로
나를 부른다

오월 2

홀로 나부끼는 깃발
바람은 잠들어도
혼신의 힘으로 울부짖는다

응어리진 가슴으로
5월의 노래 부르며
내 몸 불살라 밑거름이 된

어둠속에서
순한 가슴에 불씨 하나로
길을 열어 밝히는 등불

오월의 커피 향

따듯한 오월처럼
오월의 커피에는 붉은빛
장미처럼 뜨거움 있으리라

오월의 커피는 푸르른 나무처럼
생의 활기로 있으리라
오월의 꽃향기처럼
오월의 커피는 향기로우리라

당신이랑
오월의 사랑은
듬뿍 담겨왔네
오월의 커피처럼

향기롭게 뜨겁게 자랑스럽게
살아가 보리라
당신과 함께
커피 한잔하면서

왠지 슬픈 날(술 한잔 마시고 싶은 날)

언 가슴 한편
아파 올 때는
술 한잔 마시고 싶다

한잔 마시면
즐거움으로 바뀌는
전류 같은 향기를

슬픔의 빛깔보다는
고운 신음의 빛깔로
노래하기 위해서
술 한잔 마시고 싶다

우리 부부는

둘이서
씨앗을 뿌립니다

숲속에 꽃나무
고운 모습으로 함께한
사랑의 분신

행복이란
가정의 정원입니다
멀리 있어도 가까이 있어도

눈을 감아도 보이는
핏줄의 분신
날줄과 씨줄 같은 것

우정

억겁의 인연으로
만난 골목에서

외롭고 지친 몸 다독여준다
오늘도 수고했어요

토닥토닥
깊어 가는 사랑

열심히 살고 있는
고운님
마음속으로

꿈을 맑게 씻어서
꼬옥 안고
피어나는 사랑

언니

마지막 언니를 보낸 달
언제든지 보고 싶으면
그 바위를 찾아가곤 했다

그녀를 닮은 넓은 바위가
너 왔니 하면서
껴안는 푸근한 느낌이 온다

소리 내어 울면 그 소리가
메아리쳐 나의 귀를 때린다
오늘도 바위를 그리면
언니도 그리워진다

웃음꽃

세상에서
가장 아름다운 꽃

꽃 중의 꽃은
환하게 웃으며 피는
웃음꽃

화려한 장미도
귀족의 튤립 꽃도

한 뿌리에
수천만 원 한다는
난꽃도
우리들의 웃음만 못하네!

이 꽃 저 꽃
다해도

웃음꽃만
하겠는가!

유채꽃

강물이 춤추는 한강둔치
시민들의 다양한 축제

드넓게 출렁이는
빨강 노랑 파도

그 화사한 모습에
멀미가 난다

빨간 향기에
펼쳐지는 노란 바다

회심에 빠져든
벌 나비 하나 되어

짜릿한 눈부심을 나눌 때
등판에 늘어진 구원의
향기 속에 취한다

은행잎

노오란 햇살만
연거푸 더위에 모아
잎 하나 익히더니

이젠 잘 익은 노랑끼리만
어울려 산다

한 잎
책갈피에 묻고 나니
감추어 두었던

미소가 활짝 피었고
우리도 같은 색끼리
어울려 살잖다
더불어 따사롭게 마음 포개 살잖다

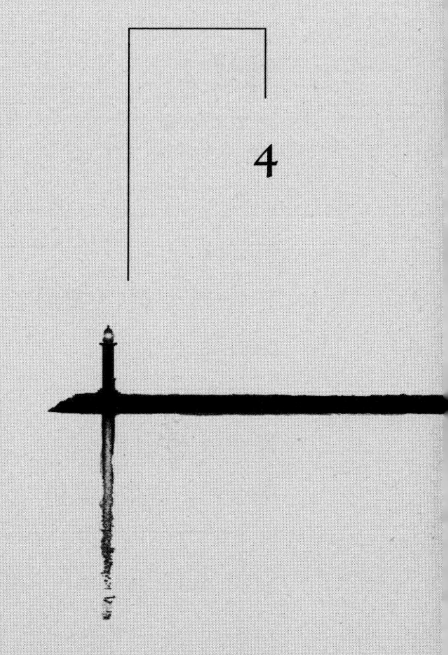

4

인생 1

인생에
근심 걱정 없는 것이
어디에 있으며

출세하기 싫은
사람이 어디 있으며

시기 질투 없는
사람이 누구이고
흉허물없는 사람
어디 있겠소

가난하다 서러워 말고
부자라고 자랑 말 것이며
장애라 기죽지 말고
못 배웠다 주눅 들지 마소
세상살이 다 거기서 거기이다

건강하다 큰소리치지 말고

명예 얻었다 목에
힘주지 마라
세상은 영원한 것이 없더라

인생 2

나이 듦도 서러운데
늙고 병든 것은 누구나
오는 길

가족이란 울타리
속에서 물 한잔을
떠줘도

마음으로 마시면 보약이 된다
나 자신을 최고로
생각하고

나 자신을 대접하며
오늘도 한 짐을 내려놓으니
하루해가 지나간다

인생 3

신이 바위의
머리를 쓰다듬어 주셨고
바위는 잠시 침묵에 잠겼다

어린 시절엔 어른 되기를 갈망하고
어른이 되어서는
어린 시절로 돌아가기를 갈망한다

인간은 절대 죽음이 없는 것처럼
살지만 잠시 살다가

살던 적이 없었던 것처럼
간다

인생 4

인생은
새옹지마
나그네 길이네

부모님 모태에서
왔다가 어디로 가는걸까

육체는 풀꽃과 같아서
봄에 피었다가
가을에 지는 생

다음 삶은
어느 귀퉁이에 꺾이지 않는
푸른 꽃으로 필는지!

이웃

아침햇살 문 두드릴 때
이웃의 안부를 눈으로
물어본다

이사 오던 날
낯설음에 더 밝게 인사를 했다

작은 방울이 서로 의지하며
물이 되어 흘러가듯
서로의 슬픔을 위로하며

기쁨을 더 크게 즐거워한다
하룻밤이 멀게 보고 싶은 사람
마음의 벽을 허물고
가족으로 살아간다

자화상

지선 닿는 곳이란 모두
자로 잰 듯한 각진 건물들과
하늘을 가린 고층빌딩뿐인

시멘트 공간에 갇혀
날개를 퍼득이는 새 한 마리

오늘도 도심 밖 녹색의
세상을 그리며 탈출을
꿈꾸고 있다

인생과 삶

아무리 즐거운 노래도
혼자 부르면
눈물이 되고

아무리 향기로운
꽃밭도 시들고 나면
아픔이 되니

출렁이면서 피는 것이다
우리네 인생살이도
흔들리면서 사는거다

꽃이고 바람이고 구름이고
인생살이는 다 흔들리면서
피고 지고 살아가는 것이다
사연 없는 노래 없고
사연 없는 꽃이 없다
사연 없는 인생살이도 없다

인생은 바람 같은 것

만남이고
이별이고
다 한순간

사랑이 아무리 깊어도
산들바람이고
외로움이 지독해도
눈보라일 뿐

폭풍이 몰아치는
지독한 사연도
다 스쳐가겠지

이 세상 온 것도 바람처럼 오고
바람처럼 사라진다
결국은 붉게 물든 잎들이
엮어지듯 더없이 공허하겠지

바람처럼 가벼운

걸음으로 바람처럼
살다 가는 게 좋겠다

인성

창밖을 내다보니
보슬보슬 비가 내리고 있다

문득 친구 은숙이가 보고파
집을 나섰다

택시를 타려고 하는데
젊은 여인이 아이를 데리고 내렸다

젊은 여인한테 욕을 하는
기사님 하는 말씀

아이 버릇을 잘 못 들여
늙어서
자식한테 뺨 맞을 짓을 가르치고
있다고 어려서 인성 교육이
얼마나 중요한지를

젊은 아기엄마는 무엇을 잘못했을까

인연 1

수많은 인연 따라
만난 사연들

가슴 아픈 인연
행복과 기쁨을 주는 인연
활력소를 주는 인연

사랑인 줄 알면서
지나치는 인연

인연이 깊지
않더라도 진심을 주다보면
다들 귀한 인연들
행복한 인연이 된다

인연 2

꽃이 지고
열매가 맺듯이

사람의 만남도
인연이 닿아서

이렇게 만나고
얘기하고 웃습니다

알 수 없는 사람과의 만남은
왠지 두렵지만 진실이 있다면
그 만남은 나에게 행운이 아닐까요

내가 누군가에게 따듯한
말 한마디 따듯한 웃음 한 번
건네주며 그 인연은
오래 기억할 것입니다

우리 서로에게 인색

하지 않은 그런 좋은
인연이길
소망합니다

일편단심

소나무는
꿋꿋한 절개와 의지 지조

소나무는
바람과 서리에도 굴하지 않는
절의의 고귀한 황제

소나무처럼
일편단심으로
살아가면 그 무엇을 바랄까

떠나십니까

돌아온다는 기약 없이
가시는 나라

정녕 당신은
눈물만 남기고 떠나십니까

근심 걱정 다 내려놓으시고
사는 걱정없이

행복한 나라로 떠나
가시는겁니까

얼마나 행복한 곳이기에
이리 서둘러 떠나가십니까

주연

아무리 좋은 노래도
혼자 들으면 슬퍼지고

아무리 향기로운 꽃도
시들면 아픔이 되네

장미에도 가시가 흔들리면서
피었다 지는 것이며

우리네 인생도 아픔과 사연이
대다수가 있었을 것이다

아프면서도 아프지 않은
것처럼 인생은 멜로 주연
배우일 뿐이다

중년의 남자

햇살이 떨어져
어둠이 깔린 청량리의
밤거리

술에 젖은
그의 모습이 안타깝다
두 어깨가 축 처진
뒷모습

경제의 불황이
그의 마음을
술로 달래려했던가
술잔의 그림자는
그를 더욱 슬프게하네

오늘은
어느 주막에서 쓸쓸한
고독의 술잔을 채우고 있을까
지나간 청춘을 달래 볼 것인가

진달래

여보
저 산 보세요

온산이
불타고 있지 않소

저녁에는
노을에 젖고

지난밤엔
달빛에
스며들고

오늘은
살짝 얼굴이
붉혀지네요

당신과 나도
소년 소녀 때는

불타는 시절이
있었지요

지금은
황혼에 와 있지만요
여보 오늘 저 산이
활활 타고 있네요

차례상

경자년 새해
조상님께 올리는 차례상

울긋불긋
오색의 음식과
마음을 올려놓고

자손들 모두 모여
선조님께
기원해 본다

착한
며느리들 정성에
방긋 웃고 계신다

참선

고독은 외롭지만
선한 사람은
참선을 즐겁게 한다

괴롭고 아픈마음 달래주고
명상을 불러
다 내려놓는다

닦으면 닦을수록
비워지는 욕심
닦으면 닦을수록
참아지는 화
닦으면 닦을수록
맑아지는 인생

찻집

차 한잔 시켜 놓고
젊은 여인들이 떠들썩한 곳을 바라봤다
금연이라고 쓰여 있는 곳에서

담배를 태우고 있는 것을
보니 마음이 아파왔다

커피를 휘휘 저어
그 맛 느껴보지만
세대 공감이 전혀 안 되는 모양이다
눈길이 자꾸 그 연기 속으로 쏠린다

꽃같이 예쁜 얼굴이
건강을 헤칠까봐 걱정 된다

노파심에서 전하고 싶은 말
가슴에서 맴돈다

철길

당신은 오른쪽
나는 왼쪽

어느 날은 비탈진 철길로
어느 날은 곡선 철길로

서로 마주보며
서로 대립하지 않으며
맞잡은 손 위로

우리의 사랑을 실은 기차는
겨울은 따듯한 옷처럼
가을엔 가득한 행복을 나누며 달린다
봄엔 정답게 피는 꽃같이
여름은 가슴까지 씻어줄 바다가 되고

청포도가 익어가는 칠월

감사하지 않은 날과
달이 없겠지만

칠월은 인생에 반환점
한해의 절반을 보내며

오작교에서 견우와 직녀가
만나고 들판의 곡식들은

청포도처럼 영글어가네
젊음에 활짝 핀 꽃들처럼
열정이 넘쳐나는 칠월

초롱이

아들딸 손주 대신
빈자리 채워주는
초롱이

하얀 꼬리를 흔들면
목련꽃 같다
장난꾸러기 초롱이는

머리를 비비며 가슴을 파고든다
세상은 마냥 즐겁다
앞서거니 뒤서거니

반겨주고 지켜주는
초롱이가 있어
마냥 즐겁다

추억 강변

아침이면 자욱한 물안개
해 저물면 붉은 노을

청동 물오리 떼
바라보면

내 마음 열어지고
반가운 고향의
품에 든 듯하다

힘들게 살아왔던
세월 이제는 내려놓고
아름다운 이 강변에서
나룻배나 타고 싶다

친구

평생을 말 한마디
다투지 않고 살아온 친구

결혼도 하지 않은
외로운 나의 친구

조건 따라 다가서는
친구도 있지만

묵을수록 진한 향기
열매를 맺은 친구

힘든 가정 속에서도
하얀 동심으로 만난 친구

코스모스 1

빨간 꽃 하얀 꽃
나비 같은 노란 꽃

다발바람 손잡고
춤추는 코스모스

가는 허리 흔들며
환하게 웃고

어디로 가만가만
가는 걸까

가던 길을 멈추고
내려다 보네요

코스모스 2

말없이 찾아와
희망을 주는 꽃송이

지천으로 피워놓은
꽃잎

새 길을 열어가는
개척자처럼

숭고한 희생으로
곳곳에

흐드러지는 꽃길
열어놓고

홀연히
사라질 때가 있겠지

바다

철썩이는 파도 소리
메아리칠 때마다
내 마음 한숨과 근심을
깨끗이 씻어 간다

은빛 나는 모래 속에
발을 묻고 하늘을 쳐다보니
주름진 웃음마저
푸른빛으로 물들어 간다

포도주

부풀었던 푸른 꿈이
포도주처럼 익어간다

술이 된다는 것은
살아온 날들의 기억이리라

잘 발효된 맛과 빛깔로
다시 태어난다는 것을

포도의 한 생애를
떠올리며

나는 오늘 숙성된 달콤한 맛과 진한
향기를 기다려 본다

하늘

높고 높은 하늘을
쳐다보면

파란 도화지에
그려 넣은 하얀 날개

일렁이는 흰 구름
걷어내면

하늘로 비상하는
매의 둥지

무엇을 향해 온몸으로
저리 날고 있을까

내 마음도 먼 하늘로
날려 보낸다

핏줄

가슴 깊이
사무치는
그리움인가

뚝뚝
흘리는 눈물방울
영혼의 목소리가

세월이 갈수록
그리워지는
내 다른 그림자

한강 둔치

비단 강이 흐르고 있는
샛노란 한강 둔치

누가 가꾼 꽃이던가
빨간 물감 눈부시다

꽃밭에
구름 빛 가을빛
서로 비춰 더 곱네

한 알의 씨앗

환한 웃음들이
초록빛 꿈을 키워

작은 씨앗들이
싹트는
북한산 자락

너처럼
나처럼

온누리에
한 알의 씨앗으로
번져 가리라

한 해를 보내며

차 한잔과 마주하고
나누는 여유로움으로
몸과 마음을 녹인다

다사다난했던 한 해
12월을 보내는 마음

아팠던 것은 다 지워버리고
새해에는 새 꿈을 안고

일곱 색깔 무지개를
그리며 행복을 채워
갈 것을 소망해 본다

흘러 버린 세월

가로등 불빛이
밤길 위에 새겨지고

나의 영혼이 시들어버린
한줄기 그림자

흘러버린 공허함
아련한 지난날
되돌릴 길 없는 쓸려나간 빈 가슴

새삼 인생무상이
소소한 찬 기운으로
전율해오네

희망가

바람이 불면
비록 가는 봄 휘어지고
흔들린다

가슴에 품은
오롯한 별빛이
잠시 휘어질 뿐이다

쓰러지지 않는다
다시 일어서서
하늘 향해
하얀 손을 뻗는다

서평

영혼의 노래, 시의 리듬을 타면서 삶의 의미를 창조하는 시인을 만나다

-이정순 시인의 첫 시집 『또, 봄』에 붙여-

이충재(시인, 문학평론가)

1. 시작하며

시가 제대로 그리고 애틋하게 읽히지도 않는 시대에 시인들의 노고를 생각한다. 동시에 시인의 삶을 자청하는 이들의 정화되지 않은 영혼의 상태를 유지한 채 몸부림하는 모습을 곁눈질로 본다. 분명 인문학이 길을 잃고 몹시도 방황하거나 제 역할을 다하지 못하고 있으며, 이 땅의 지식인이나 지성인들은 모두 다 어디로 갔는지 어두운 시대를 향한 외침이 사라진 지 이미 오래인데, 그들 뒤를 휘청거리면서도 시인이 되려고 고군분투하는 이들을 보면서 희망을 노래할 수 있어서 다행스럽다. 그러나 마음을 놓을 수 없는 것은, 과연 그들에게 시인 정신이 살아있는가에 대한 물음과 진지한 진단이 수반되어야만 하는데도 불구하고 그런 과정이 생략된 채 시인을 양성하려고 인위적으로 애쓰는 불온한 행위들이 정책적으로 행해지고 있음에 대한 반감이 깊은 것 또한 우려가 되는 시대이다. 시인의 덕목으로 삼으라면 단연코 단연 '순수'와 '열정'을 들 수 있겠다.

이번에 만난 이정순 시인이 이 모두를 갖추고 시집을 내려고 한다는데 기쁘고 감사하는 마음이 들었다. 시인들이 부지기수로 많은 시대에 참된 시인을 만나기 어려운 슬픈 현상을 지켜보면서 우리는 시인 노릇을 하고 있다. 시인에게 꼭 있어야 할 정신은 사라지고 마치 연예인과 같은 인기에 연연해하거나 명예 따위에 목말라하는 지식인 흉내를 내거나 돈벌이로 일생을 거침없이 살아가는 불온한 사업가들과 같은 행위 곁에서 부끄러움을 모르는 유사 시인들이 판을 치는 세상에서 우리는 순수와 열정 그리고 삶을 올바로 관조 혹은 직시하여 중심을 읽어낼 서정성이 뚜렷한 시인들이 그리운 것이다.

박목월 시인은 에세이(〈시를 쓰는 마음〉)에서 다음과 같이 시인의 마음을 독려한 잠언을 남긴 적 있다. "시를 동경하고, 시를 쓰는 마음은 수목(樹木)과 같은 것이다. 수목이 밝은 햇빛과 푸른 하늘에 그의 동경의 손을 뻗고, 또한 자연의 맑은 정기를 모아 그 스스로가 정결하듯 시를 쓰는 마음이야말로, 이 정결한 동경과 무한한 아름다움과 영원한 생명의 애절한 꿈을 사모하는 일이기 때문이다. 또한 수목은 그 자체가 자연의 부분을 이루어 아름답듯 시를 쓰는 마음은 스스로 완전한 아름다움을 이루려는 심정일 것이다."

이 개념 앞에서 과연 우리는 예스라고 확언하여 답할 수 있겠는가? 만약 그렇다면 우리는 진짜 시인이다. 시를 통해서 우리의 삶을 저울질하려고 애쓰는 진정성을 보이면서 살아가는 순수 시인이요 살아있는 순수 시인인 것이다.

첫 시집을 내는 이정순 시인에게서 이 같은 순수와 열정 그리고 수목과 같은 희망이 그의 가슴 깊이 내재해 있음을 발견되기에 큰 기쁨으로 그의 시 인생을 더듬거려 보고자 하는 것이다. 독자들도 필자와 같은 다소 흥분된 마음으로 이정순 시인의 시 세계로의 여행을 떠나보자.

2. 이정순 시인의 시 세계로의 동행을 하며

해묵은 고목에서
붉고 하얀 꽃 피어나더니
어느새 꽃잎 지는구나

헐벗고

바람풍에 울고 섰던
버들가지 잎 피어나고
백옥처럼 호사스런
목련꽃 지고 나니
화려했던 봄날도 저만치
떠나려 하네

-〈계절〉의 1~3연

이정순 시인은 유독 계절(〈가을 1, 2, 3〉 등)에 민감하다. 특히 이번 시집 작품에는 가을을 노래한 시들이 제법 눈에 띈다. 그만큼 자신의 삶의 현장의 생동감을 가장 잘 드러내고 있음의 그 반증이다. 인생이나 자연의 현상이 서로 꼭 닮아 있다는 명제를 누가 부정하겠는가. 그렇다면 시인이 인생 사계절 중 어디에 와 있는가에 따라서 그 영혼의 노래는 다른 감성으로 불려지기도 하고 또 들려지기 마련이다. 그만큼 자연의 현상에 예민하게 반응한다는 것은 그만큼 그의 영혼이 순수하다는 징조이자, 인간 본능의 세계를 동경하는 장점을 충분히 지닌 삶을 살고 있는 까닭이다. 이 시대의 많은 사람들은 자연의 경이로운 현상을 잃고들 살아간다. 아니 삶에 미치는 현상으로서의 순간순간을 잃고들 살아간다. 순간을 건강하게 잘 살아내야 비로소 일생을 건강하게 살았다고 고백할 수 있는데, 아쉬움이 크다. 계절도 이와 유사해서 자연의 다채로운 변이를 직시하는 감성이 살아있어야 비로소 삶을 건강하게 살 수 있는 일이다. 그런 면에서 볼 때, 이정순 시인은 아주 건강한 삶을 살고 있는 시인이다. 거기다가 시로 노래하여 순간순간의 삶을 영원히 기억하면서 살아가니 그의 영혼은 그 누구의 것 보다 건강하다고 할 수 있다.

귀한 운동화는 닳을까봐
마루 밑에 소중히 넣어두시고
게다를 끌고 일터로 가시던 아버지

살림살이 넉넉하지 못해
흔히 말하는 까막눈이었던 아버지

경비원으로 일하시며
식당 아주머니께 부탁하여

남은 밥으로 누룽지를 만들어
새끼들 먹이려고 품에 품고 오신 아버지

궁핍한 살림에 수술대에 올라
고열로 결국은 수술도 받지 못하고
마지막 유언을 가족도 아닌
간호원에게 하신 아버지

나 좀 살려줘
애들 키워야해
은혜를 잊지 않을게 하시던
지금도 생각만 하면
가슴이 저려오는 아버지 마지막 한 마디

-〈아버지〉 전문

예로부터 사모곡에서 들려주기를 어머니의 사랑을 '낫'의 날에 비유하고, 아버지의 사랑을 '호미'의 날에 비유할 만큼 늘 아버지의 사랑은 가족 중심에서 뒷전으로 밀려나 있는 것이 우리나라의 정설이 되어왔다. 가족

사에서 역기능적 동기부여 체로서의 아버지는 빠져나갈 구멍이 없을 만큼 직접적인 원인자가 된 것이 대한민국의 역사와 현실이다. 그런데 위의 시를 볼 때, 이정순 시인의 아버지는 지금까지의 역기능적 대상으로서의 아버지의 이미지를 완전히 뒤바꿔놓은 계기가 되었다. 서양에서는 아버지의 이미지가 도전적이며, 긍정적 모티브가 되는 현상을 제법 많이 보이곤 하는데, 유독 대한민국에서만큼은 아버지의 이미지는 늘 불온한 가정문화의 대상으로서 상처의 주범이 되어왔다는 점에서 가족문화의 개선이 절실히 요구된다고 할 수 있다. 그러나 이정순 시인에게 있어서만큼은 아버지는 절대적 의존적이며 존경의 대상이 된다는 점을 위의 시에서 발견할 수 있어서 좋다. 그래서 이정순 시인이 시인의 인생을 건강하게 잘 살 수 있도록 아버지의 자식 사랑이 뒷받침하고 있다고 할 수 있다.

위의 시를 생각하면서 다음의 시 〈부부〉, 〈남편〉 -"삶 속에서 가식 없는/사람으로/용기를 주던 당신// 늘 겸손한 마음을/갖게 만들어 주는 당신//서로의 눈빛만 보아도/무엇을 생각하고 말을 하고/싶은 지 이제는 다 압니다//인내와 사랑은/당신과 함께여서 할 수 있었습니다"을 읽다가 보면, 아버지의 사랑이 곧 남편을 향해서 만개하고 있음을 발견할 수 있다.

틈이 있어야 햇살도 파고든다

빈틈없는 사람은
박식하고 논리 정연해도
정이 가질 않는다

틈이 있어야 다른 사람이
들어갈 여지가 있고
이미 들아온 사람을 편안하게 한다

굳이 틈을 가려 애쓰지 말고
그대로 열어 놓을 필요가 있다

빈틈으로 사람들이 찾아오고
동반자가 되어 삶을 만드니
허점이 아니라 여유가 된다

마음의 문을 열고
유연한 생각으로 틈을 열어놓자

-〈빈틈〉 전문

위의 시는 이정순 시인의 작품들 중 유일하게 잠언(아포리즘)에 해당한다고 할 수 있다. 그럼에도 불구하고 하나도 인색하거나 불편함이 없는 것은 이미 시인의 삶 중심에서 부모로부터 혹은 가난이 빚어낸 삶의 진정성으로부터 받은 사랑의 애틋함이 빚어낸 사랑을 양식 삼고, 성인이 되었기에, 그 속성으로부터 나오는 교훈이기에 아름답고 순수하게 와닿는 것이다. 위의 시를 읽고 난 이후 20세기 미국의 사상가로서 지대한 영향력을 끼친 랄프 왈도 에머슨의 작품(《세상의 중심에 너 홀로 서라》, 《자기신뢰》, 《스스로 행복한 사람》)과도 유사한 멋이 있음을 엿볼 수 있어서 좋았다. 완벽주의자는 병적인 현상이요, 그 병적인 현상을 추종하는 소시오패스 군에 해당하는 이들은 인적 구조를 심각하게 병들게 하고 말았다. 그러기에 우리는 최선을 다하여 살아가는 방편주의자가 되어야 한가. 그 최적주의자로서의 삶의 제1 조건은 바로 빈틈을 지닌 사람에게서 가능한 것이다. 누구에겐들 빈틈이 있는 것은 아니다. 그리고 또한 있기 마련이다. 그 빈틈이 삶의 여백으로 비추어질 때 그보다 더 아름다운 삶이 있을 수 없다. 위의 시의 설정 배경을 이정순 시인은 이미 잘 알고 있다는 반증이기도 하다.

폭우 치는 강
나룻배를 타고
건너가는 뭇사람들

어디로 갈지 몰라
시름이 깊네

마음은 육지에 두고
몸만 태우고 어디로
가야 할지
강가에 서서 망설이네

-〈산다는 것〉 전문

13억 중국인의 정신적 스승인 지셴린은 그의 인생 에세이에서 세상을 살아가면서 반드시 잘 처리해야 하는 세 가지 관계가 있다고 했다. "첫째는 사람과 자연의 관계이고, 둘째는 가족관계를 포함한 사람과 사람의 관계이며, 셋째는 마음속에 있는 이성과 감정의 대립과 균형 사이의 관계다. 이 세 가지 관계를 잘 처리한다면 유쾌한 인생을 살 수 있지만, 그렇지 못하면 삶이 너무도 고달파진다."

이정순 시인은 삶이 어떠해야 하는가에 따라서 이미 잘 알고 있기에 위에서와 같은 삶의 당위성을 노래하고 있다고 할 수 있다. 삶의 연륜과 더불어 사랑과 아픔 그리고 가난과 삶의 깊이를 충분히 경험하였기에 가능한 것이다. 이후의 노래(〈삶 1, 2,〉, 〈인생 1, 2, 3, 4〉,〈인생과 삶〉, 〈인생은 바람 같은 것〉)가 위의 시의 연장선에서 창작되었고 또한 읽혀진다면 그 효과가 더한다고 해도 과언이 아니다.

떠나십니까

돌아온다는 기약 없이

가시는 나라

정녕 당신은
눈물만 남기고 떠나십니까

근심 걱정 다 내려놓으시고
사는 걱정 없이

행복한 나라로 떠나
가시는 겁니까

얼마나 행복한 곳 이길래
이리 서둘러 떠나가십니까

-〈떠나십니까〉 전문

사람은 모두 한 번쯤은 다 떠나기 마련이다. 시인이 이 사실을 모르는 바가 아니다. 그 누구보다도 '삶과 죽음', '죽음과 삶', '삶이 죽음에게' 그리고 '죽음이 삶에게' 서로 주고받는 무언의 대화 또한 잘 알고 있다. 그러기에 위의 시상에 몰입할 수 있는 것이다. 다만 위의 시에서 시인은 이별이든, 작별이든, 고별이든, 사별이든 헤어짐의 안타까움을 사랑이라는 관계 개념 속에 설정해 놓고 못내 아쉬워하는 가장 인간적인 모습을 그려내고 있는 것이다. 어느 사람이 사랑하는 사람, 그리운 사람과의 헤어짐 앞에서 의연 해 할 수 있겠는가. 그것은 거짓 행위 일 뿐이다. 인간이 아닌 망가진 인간의 모형이 불러낸 가식일 뿐이다. 철저하게 인공적인 습성에 매몰된 허울일 뿐이며 기계적일 뿐이다. 그러나 시인은 그럴 줄 모르는 천상 시인이요, 여성성으로서의 사랑을 몸소 경험하였기에 죽음과 삶, 삶과 죽음 앞에서도 아름답게 고뇌하는 것이다. 이것이 한 편의 시로 승화되어 누구에게든 그것이 사랑하고 그리운 그 사람 앞에서의 고백이라면 말하는 이나 듣는 이의 공간적 소통이 원활하게 이루어지지 않는다 할지라도 그 순간만큼은 행복해 질 수 있는 것이다.

가슴 깊이
사무치는
그리움인가

툭툭
흘리는 눈물방울
영혼의 목소리가

세월이 갈수록
그리워지는
내 다른 그림자

-〈핏줄〉 전문

필자는 이정순 시인의 작품 전문을 감상하면서 비로소 시인의 마음이 와 단단히 박히는 시의 종착점을 위의 시에 두고자 한다. 그 이유는 이미 전 작품의 중심에 방점을 찍고 길을 내어 주는 시편들의 연속성과 그 생명력을 확인했기 때문이다. 그 작품으로는 〈그 사람〉, 〈그리움〉, 〈오늘은 또〉, 〈길〉, 〈답십리 친정〉, 〈동행 길〉, 〈불러보고 싶은 이름〉, 〈언니 생각〉 등이 그 예다.

누구나 핏줄의 소중함 정도는 알고 있다. 그러나 사유의 깊이를 경험하고, 인생 전체를 망라하여 자신의 인생의 숲속에서 현학적 성과물만을 계수하기를 일상에 젖어 살아가는 사람들은 시인들이 노래하거나 그리워하는 그 수준에는 미치지 못한다는 점을 진정성과 순수성을 밑천으로 창작행위를 하는 이정순 시인을 비롯하여 참된 시인들은 충분히 알고 있다. 그런 의미에서 볼 때, 시인이 핏줄을 그리워하고 함께 하고픈 사연의 진한 흔적이 필자와 독자들에게 강한 진동을 울리면서 다가오는 것이다.

3. 이정순 시인과의 시 여행을 마치면서

요즘은 시인들의 말에게서 희망을 발견하거나 위로나 정의의 대지 위에 피어난 꽃과 같은 이미지를 발견할 수 없어서 안타깝다. 그러나 이정순 시인의 작품 속에서 그러한 이미지를 돌출시킬만한 충분히 경험과 순수성을 발견하였기에 희망(〈희망가〉을 잊지 않기로 했다. 박목월 시인이 늘 애용하던 말을 한 번 더 인용하여 그 의미를 더해 보고자 한다.

“릴케도 ‘인간의 아무리 사소한 일일지라도 언어로써

표현할 수 있는 곳에서 이루어지지 않는다'고 말했다. 그것은 사실이다. 우리가 일상생활에서 쓰이는 말은 다만 우리들의 막연하고 그리고 개념적인 의사의 소통에 불과한 것이다. 그러나 시를 쓰는 마음은 이 인간의 체험과 언어 사이의 괴리를 메우려는 끝없는 노력일 것이다."

이 말이 의미하는 것이 무엇인가?

시인의 언어습관과 사고력을 바탕으로 빚어내는 언어의 습관은 분명 다르다는 것이고 또한 달라야 한다는 것이다. 이러한 변별력이 없다면 어떤 의미로 살아있으며, 위로가 되고 새로운 세계를 향한 희망을 알리는 시를 창작할 수 있겠는가.

장 폴 사르트르 역시 문학이란 무엇인가?란 질문에 다음과 같이 말을 잇고 있다. "문학이라는 대상은 언어적 활동을 통해서 실현되는 것이지만, 결코 언어 속에 주어지는 것만은 아니다. 그와 반대로 대상은 본래 침묵이고, 말의 대립물이다. 따라서 한 권의 책에 나열된 수십만 개의 단어 하나하나를 읽어도 거기서 작품의 의미(취지)가 반드시 솟아오른다는 보장은 없다. 의미(취지)는 낱말들의 총계가 아니고 말이 만드는 그것들의 유기적인 총체이다. 독자가 단번에, 거의 아무 안내자도 없이 '침묵'의 높이에 올라서지 못한다면 아무것도 이루어지지 않는다."

이만큼 시를 쓰는 시인들이 취해야 할 태도의 변화는 다양한 가치 변화와 책임을 요구한다는 점이다. 뿐만 아니라 그들의 삶이 결코 평범하거나 연예인이나 정치적 궤변을 일삼는 소인배들의 모임의 중추적 역할 자 혹은 들러리, 구경꾼이나, 무엇을 얻어 마시겠다고 얼굴을 비추는가 아첨 자들이 되어서는 아니 된다는 말이기도 한다.

보르헤스는 시 문학을 향해서 다음과 같이 용기 있는 제언을 남기고 있다. "우리는 시를 향해 나아가고, 삶을 향해 나아갑니다. 그리고 삶이란, 제가 확신하건대 시로 만들어져 있습니다. 시는 낯설지 않으며, 앞으로 우리가 보겠지만 구석에 숨어 있습니다. 시는 어느 순간에 우리이게 튀어나올 것입니다. 그런데 우리는 곧잘 혼동에 빠지기 일쑤입니다."

이 말의 의미를 알아야만 비로소 우리는 진짜 시인의 삶, 시인의 언어, 시인의 미소, 시인의 욕설, 시인의 사랑, 시인의 정의, 시인의 판정, 시인의 그림자, 시인의 그리고 시인의 그 무엇이 될 수 있는 것이다. 가짜 시인이 아닌, 진짜 시인이 되는 것이다.

이정순 시인이 첫 시집을 출간하면서 시인의 삶의 기초가 되는 순수와 열정을 다시 검증하기를 원하는 만큼, 독자들과 시인 삶을 함께 이루며 살아가는 모든 주변인들의 도움이 절실하다고 볼 수 있다. 그럼에도 불구하고 휠덜린이 말한 것처럼 시인은 분명 '고독한 독행자' 임에는 틀림없다. 물질과 명예와 권력과 인기와도 거리를 두고 삶의 진성을 표출하고 인간의 참된 가치를 부르짖어야 하는 분명 고독한 삶의 노상을 여행 중인 사람인 것이다. 그 삶이 더욱 빛이 나기 위하여 어떻게 해야 할 것인가에 대한 교훈에 뿌리를 내리고 남은 생애 시와 더불어 참된 행복을 찾아 나가기를 기원드린다. 시대를 향해서는 거룩한 망명자자 사명을 가지고 남은 생애 시의 조력자가 되어 주시기를 당부드리면서 독자들의 많은 사랑을 받는 작품들의 출가 예식에 큰 위로와 박수를 보낸다.